AF330641

LES RICHES
ET LES PAUVRES.

Coup-d'œil sur l'état actuel de la question
sociale,

Par M. ALLEC.

Infelix ô semper oves pecus....!

A LILLE,

CHEZ L. DANEL, IMPRIMEUR, GRANDE-PLACE.

1848.

LES RICHES ET LES PAUVRES.

Coup-d'œil sur l'état actuel de la question sociale.

Infelix ó semper oves pecus.....!

DU DROIT DU PLUS FORT.

Le plus fort n'est jamais assez fort pour être toujours le maître, s'il ne transforme sa force en droit et l'obéissance en devoir. De là, le droit du plus fort, droit pris ironiquement en apparence, et réellement établi en principe... Mais ne nous expliquera-t-on jamais ce mot?

La force est une puissance physique ; je ne vois point quelle moralité peut résulter de ses effets. Céder à la force est un acte de nécessité, non de volonté ; c'est tout au plus un acte de prudence. En quel sens pourra-ce être un devoir?

Supposons un instant ce prétendu droit.

Je dis qu'il n'en résulte qu'un galimathias inexplicable ; car sitôt que c'est la force qui fait le droit, l'effet change avec la cause ; toute force qui surmonte la première succède à son droit. Sitôt qu'on peut désobéir impunément, on le peut légitimement, et puisque le plus fort a toujours raison, il ne s'agit que de faire en sorte qu'on soit le plus fort. Or, qu'est-ce qu'un droit qui périt quand la force cesse ? S'il faut obéir par force on n'a plus besoin d'obéir par devoir, et si l'on n'est plus forcé d'obéir, on n'y est plus obligé. On voit donc que ce mot de droit n'ajoute rien à la force, il ne signifie ici rien du tout.

« Obéissez aux puissances ! » Si cela veut dire : « Cédez à la force ! » le précepte est bon, mais superflu. Je réponds qu'il ne sera jamais violé. Toute puissance vient de Dieu, je l'avoue ; mais toute maladie en vient aussi ; est-ce à dire qu'il soit défendu d'appeler le médecin ? Qu'un brigand me surprenne au coin d'un bois, non seulement il faut par force donner la bourse, mais quand je pourrais la soustraire, suis-je, en consciense, obligé de la lui donner, car enfin, le pistolet qu'il tient est aussi une puissance.

Convenons donc que force ne fait pas droit, et qu'on ne doit obéir qu'aux puissances légitimes.

J.-J. ROUSSEAU. (Contrat social.)

I.

Force ne fait pas droit !... Si ce vieux précepte, connu de tous et si souvent répété à toutes les générations, pouvait enfin être réellement compris et respecté par les gouvernants, les hommes cesseraient de donner le désolant spectacle de leurs luttes impies ; les révoltes n'auraient plus de sens, les haines plus d'aliment ; les guerres de peuple à peuple n'éclateraient plus que par quelque surprise sans durée ; la raison, la justice et la paix régneraient bientôt sur la terre.

Mais il semble qu'un vertige fatal pèse incessamment sur les intelligences chargées tour-à-tour du gouvernement des nations; qu'elles obéissent à des rois héréditaires, à des soldats faits empereurs par le génie des batailles, ou à des élus de la politique, leur destinée est la même dans l'histoire de tous les âges. Aussitôt qu'une commotion violente ébranle ou renverse un système établi, c'est toujours au bruit des armes que l'on refait la loi; c'est toujours sur la force que l'on compte pour assurer la soumission à un système nouveau.

Au moment solennel de la lutte, lorsque tout le peuple debout et plein d'angoisses s'agite au milieu du tourbillon révolutionnaire, l'immense majorité de ces masses désordonnées, revenue par instinct aux libres élans de la nature, ne forme qu'un vœu, celui de la justice pour tous, de la noble et puissante fraternité; on s'échauffe, on s'exalte à la sublime pensée d'une universelle loi de concorde, d'assistance et d'amour. Ainsi en était-il après le 14 juillet 1789, à la nuit du 4 août surtout, lorsque le vicomte de Noailles et le duc d'Aiguillon, du haut de la tribune de l'Assemblée constituante, représentaient que ce n'était pas par la force qu'on pourrait calmer la France, mais qu'il fallait abolir les droits vexatoires qui écrasaient et affamaient les campagnes. Avec quel entraînement, avec quelle ivresse leur exemple ne fut-il pas suivi! Tous les ordres, toutes les classes, tous les possesseurs de priviléges ou de prérogatives quelconques, se hâtèrent de faire aussi leurs renonciations; après les députés de la noblesse et du clergé vinrent ceux des communes qui, n'ayant pas de priviléges personnels à immoler, offrirent en holocauste à la sainte égalité ceux de leurs villes et de leurs provinces. Ainsi en était-il encore à la fédération de 90, au 7 juillet 92, à cent autres époques de notre grande révolution, et principalement après les généreux mouvements de 1830, du mois de février dernier et des fêtes nationales qui les ont suivis.

Pourquoi sont-ils si courts ces moments d'enthousiasme? Alors que l'on semble toucher au terme de l'antagonisme social, alors que l'âme des masses a tressailli de bonheur à l'espoir d'une réconciliation véritable, quelle est donc cette puissance mystérieuse qui ravive parmi nous des ferments de haines sourdes, de défiances mesquines? Lorsque, consultés isolément, nous voulons tous le bien, lorsque nous savons même ce que c'est que le bien et que nous nous engageons mutuellement à le demander à grands cris, comment se fait-il enfin que quelques heures après nos grandes journées politiques nous nous trouvions toujours divisés en deux camps principaux, l'un ne contenant que les familles opulentes et heureuses, l'autre ne contenant en quelque sorte que les familles pauvres et misérables?

Ah! convenons-en au moins : c'est dans ce triage perpétuel que se trouve la source de toutes nos difficultés.... Pendant l'effervescence publique, chacun oublie ses habitudes, ses préférences, son orgueil, pour ne s'occuper que du danger qui se présente; on n'est plus ni un homme maniéré, ni un riche bourgeois, ni un notable commerçant; on est un homme menacé, et dans tous ses semblables qui ne sont pas les ennemis à combattre on ne voit que des auxiliaires dignes en ce moment de toutes sortes de considérations et de ménagements; riche, on se mêle à eux par instinct si l'on est de bonne foi, par mesure de conservation si l'on est hypocrite; mais une fois le danger passé, on retombe sous l'empire de ses vieilles habitudes, on recherche ceux que l'on appelle ses égaux, et on laisse à l'écart les pauvres alliés provisoires que l'on s'était donnés avec tant d'empressement, on peut même dire avec tant de loyauté, ou tout au moins tant d'apparence de loyauté. Le pauvre, lui aussi, ne manque pas de s'isoler après la lutte ; il se dit peut-être qu'il ne lui appartient pas de prendre l'initiative pour aller serrer la main du riche patron et du riche bourgeois qui se sont trouvés un moment ses compagnons dans la rue, derrière les barricades ou sous les balles de l'oppresseur qu'il fallait vaincre.... il attend.

Mais malheureusement, hélas ! son attente est toujours vaine ; c'est toujours loin de lui que se groupent les hommes chargés de la reconstitution ; à peine songe-t-on à tenir note de ses vœux ; on l'a flatté outre mesure lorsque du concours de son bras dépendait un résultat décisif ; on l'a posé en souverain, en proclamant avec lui que l'heure de son émancipation définitive était venue, et la première chose qu'on lui demande ensuite, c'est une insouciante renonciation de sa part d'influence dans la réorganisation de la chose commune.

Nous ne prétendons, certes, pas que l'on ait toujours eu l'intention de le tenir à l'écart dans le seul but de léser ses droits, ou d'éviter les importunités de sa misère ; nous avons eu des hommes qui étaient sincèrement dévoués à sa cause, qui voulaient réparer autant que possible les longues injustices d'une civilisation détestable ; il y a eu, dans ce sens, des tentatives sincères ; il y a eu même de nombreux progrès accomplis qu'il serait superflu de rappeler ici ; mais le vice primordial, celui d'un triage social systématique, n'en a pas moins prévalu. On a eu beau décréter en principe la fusion de toutes les classes des hommes en une seule devant jouir des mêmes droits, en fait les hommes sont restés divisés en catégories bien distinctes. Cela ne pouvait pas être autrement, dit-on.... C'est possible ; on a cru, et l'on devait croire que le pauvre aurait été inhabile aux choses politiques, aux combinaisons législatives ; on a cru que, pressé par ses besoins, par ses souffrances trop souvent répétées, il ne s'occuperait tout d'abord que d'attirer à lui soit le nécessaire, soit le bien-être, soit même la richesse, et qu'il ne comprendrait pas que rien de tout cela ne peut être brusquement déplacé sans qu'il en résulte un cataclysme immédiat, une ruine universelle ; on l'a donc supplié de laisser faire, de s'abandonner à ceux de ses amis en qui il pouvait placer toute sa confiance, disant que ses intérêts seraient religieusement sauvegardés.

Le pauvre a presque toujours écouté ce conseil ; il comprenait très-bien tout ce qu'il renfermait de sagesse ; sauf quelques résistances, sauf quelques réclamations turbulentes, toujours étouffées plus ou moins vite par le bon sens du pays, il s'est confié généreusement, loyalement à ceux des meneurs politiques qu'il appelait ses amis et qui lui promettaient monts et merveilles.

Mais qu'est-il arrivé ? Quels bienfaits le pauvre a-t-il retirés de nos différentes révolutions ? Lui, qui a toujours pris les armes parce qu'il souffre, parce qu'on lui avait dit qu'il pourrait changer son triste sort en renversant le gouvernement établi, qu'a-t-il vu après la bataille ?

Nous n'aurions pas besoin de chercher des réponses à ces questions ; elles sont suffisamment connues de quiconque sait lire dans l'histoire et dans le cœur des hommes. Cependant, là étant aujourd'hui tout le mystère des sinistres douleurs qui torturent le monde, nul ne doit négliger d'y consacrer toute son attention ; et nous le disons avec une ferme conviction, des nouveaux rapports qui vont être établis entre le riche et le pauvre dépend cette fois le bonheur ou le malheur de bien des générations européennes.

Soyons donc de bonne foi, citoyens ! L'heure est venue de faire trève aux illusions sur lesquelles on s'est efforcé d'asseoir le droit humain ; ne craignons plus de laisser voir à tous la redoutable plaie qui nous ronge ; que personne ne compte sur la seule action du temps pour la guérir, car une douloureuse expérience nous l'a dit assez, plus le temps marche, plus la plaie s'élargit ! Découvrons-la sans hésiter ; attirons sur elle tous les regards afin que, si elle doit étendre encore ses ravages, nul membre de la grande famille ne puisse désormais se plaindre de n'avoir pas suffisamment été prévenu du danger qui nous menace.

II.

L'humanité, dans sa marche à travers les âges, peut être considérée comme une armée innombrable qui s'avancerait incessamment à travers des espaces infinis. Depuis les vingt et quelques siècles que les traditions marquent sa trace d'une manière certaine, nous la voyons se mouvoir en deux immenses légions principales, toujours hostiles l'une à l'autre, et qui, tout en changeant quelquefois de dénomination, n'ont que transitoirement cessé d'être composées des mêmes éléments.

Dans les temps les plus reculés que nous connaissions, cette division créait déjà un antagonisme immense ; l'une des deux légions, celle des maîtres et seigneurs, commandait à l'autre, celle des esclaves.

Pendant les haltes de cette longue marche, et pendant la marche elle-même, les maîtres et seigneurs choisissaient pour eux les sentiers les plus riants, les plaines, les vallons les plus fertiles ; ils reléguaient les esclaves dans les chemins pleins de ronces et d'épines, sur les monts stériles, à travers les précipices.

Les premiers avaient en abondance tous les fruits de la terre, toutes les joies de l'âme, tous les plaisirs des sens ; prêtres ou guerriers, ils étaient souverains, obéis, respectés.

Les seconds n'avaient qu'à grand peine une chétive nourriture tombée de la table des festins de leurs maîtres ; pour eux tous les travaux, toutes les fatigues qui devaient féconder le sol, et jamais une part assurée de cette fécondité, jamais un droit reconnu de vivre pour eux-mêmes ; point de famille, point de tombeau, point de patrie ; ils ne s'appartenaient pas; ils n'étaient que le bagage de la légion privilégiée; et lorsqu'ils faisaient entendre quelque plainte, les prêtres et les guerriers leur criaient en les menaçant de mort : *Vous êtes les enfants de la terre, obéissez! Nous sommes, nous, les fils des Dieux... Vous nous appartenez!*

Et les malheureux courbaient la tête et tendaient les mains pour recevoir des chaînes plus lourdes en expiation de leur seule pensée de révolte !

Mais cette énorme usurpation, consacrée en principe par le polythéisme, ne pouvait longtemps tenir contre le bon sens toujours croissant de ces grandes aggrégations d'hommes ; le premier qui osa leur parler de leurs droits les plus sacrés ainsi cruellement violés, dût singulièrement exciter leur colère... Ce penseur fut Moïse. A son appel, on vit se grouper sur un seul rocher de la Judée autant d'hommes libres qu'il en existait peut-être sur tous les autres points du globe réunis, et ce premier révolutionnaire, en fondant ainsi la nationalité de son peuple, imprima à l'humanité le mouvement qu'elle semblait attendre pour s'élancer à la conquête de son unité rationnelle.

Toutefois les institutions mosaïques ne surent pas encore couper le mal à sa racine, car elles conservèrent des races d'esclaves.... Cette infâme négation de l'homme fut continuée même à Rome et à Athènes jusqu'au jour où le Christ vint dire à tous les êtres pensans qu'ils n'avaient point de maîtres sur la terre, que Dieu les avait tous créés à son image, et que celui-là était un blasphémateur qui voulait consacrer l'inégalité parmi eux.

Il se fit alors un grand tumulte dans le monde. Les prédications de l'Homme-Dieu réveillèrent ces mille peuplades engourdies dans les fers ; la proclamation de l'évangile, ce code du triple dogme de la liberté, de l'égalité et de la fraternité, remua bientôt le globe d'un pôle à l'autre, dévoilant les abus, broyant les tyrans, anathématisant leurs iniquités et conviant tous les hommes régénérés à une solennelle communion de solidarité et d'amour.

Quelles luttes terribles ne vit-on pas dans cette sainte révolution ! Quelle audace ! quelle cruauté ne déployèrent pas les prêtres des faux dieux qu'on renversait, et les détenteurs de la puissance barbare qui s'évanouissait ! Mais aussi qu'elle était forte et belle, la résistance des martyrs de la loi de vérité, et qu'il fallut peu de temps pour que leur sang généreux assurât le triomphe à venir de l'œuvre sacrée de la régénération !

III.

Malgré la grande révolution accomplie par l'idée chrétienne, l'immense armée humaine dont nous avons examiné les divisions dans le précédent chapitre, ne put parvenir encore à établir une juste répartition des travaux qu'elle devait accomplir et des peines ou des jouissances qui lui étaient réservées. La légion privilégiée, fortement ébranlée, mais non vaincue, tendit chaque jour à se reconstituer plus compacte et plus impitoyable que jamais. Après avoir mis à mort un grand nombre de ses esclaves, jadis si dociles et que l'évangile tentait d'affranchir en masse tout en leur commandant un pacifique oubli du passé, elle comprit que la force brutale ne lui rendrait jamais plus le prestige de la supériorité, ni l'espèce de bétail humain qui décuplait ses richesses territoriales ; mais comme il n'entrait pas dans sa nature altière de renoncer à dominer quand même, elle attendit du temps et elle prépara par la ruse l'occasion de ressaisir tout ce qu'elle venait de perdre.... elle y réussit, hélas ! aussi complétement qu'elle avait pu le désirer.

L'évangile voulait affranchir les esclaves, mais il n'avait pu les enrichir. On les vit, fiers à juste titre de leur dignité d'hommes libres, supposer un instant que les fruits de la terre commune et les fruits de leur travail sur cette même terre allaient être à leur disposition comme ils avaient été à celle des usurpateurs, leur ci-devant maîtres ; ils se présentèrent donc à la récolte qu'ils avaient semée de leurs mains ; mais leurs ci-devant maîtres les chassèrent par les armes, disant avec colère et grandes menaces, que la terre n'était pas commune, qu'elle leur appartenait, à eux maîtres et seigneurs, et non à une vile horde d'affranchis. — Eh ! quoi ! répondirent les affranchis, ne sommes-nous pas tous frères, tous égaux en droits, tous fils du même Dieu ?... Pourquoi alors voudriez-vous garder pour vous seuls les fruits de cette terre que Dieu notre père nous a donnée à tous afin que chacun de nous y trouve son pain quotidien ? — Retirez-vous, sotte canaille ! reprirent les seigneurs, cette terre appartient au premier occupant ; c'est nous qui l'avons toujours occupée et nous ne sommes pas d'humeur à la céder à de misérables hères de votre espèce.

Or, à la place des prêtres des faux dieux qui avaient été renversés et dont aucun homme ne s'occupait déjà plus, il y avait là des prêtres du Dieu nouveau révélé par le Christ. Et ces prêtres du Dieu du Christ disaient : — Frères, que la paix soit avec vous ! Tous les fils du Dieu d'amour et de charité doivent s'aimer et s'entr'aider les uns les autres ; que celui qui possède plus qu'il ne lui faut donne son superflu ; que celui qui souffre, élève son âme vers Dieu et souffre pour l'amour de lui ; il possédera le royaume des cieux, et le mauvais riche sera maudit dans l'éternité.

La foi qui commence est toujours enthousiaste ; ces paroles évangéliques remplissaient toutes les âmes d'une sainte émotion. Les affranchis se résignèrent à l'injustice des premiers occupants du sol, et se contentèrent humblement de la chétive aumône qui leur fut jetée au nom de Dieu.

Mais les seigneurs ayant été frappés du grand empire que les nouveaux prêtres avaient pris sur le peuple, se rapprochèrent d'eux et leur dirent : — Prêtres, si vous voulez toujours maintenir les affranchis dans la résignation et l'obéissance, nous consentirons à les laisser glaner sur nos champs, à leur donner les restes de nos festins, et à en prendre le plus grand nombre pour serviteurs de notre personne ou pour gardiens de nos domaines. C'est, du reste, le seul moyen de rétablir la paix sur la terre; car si l'on s'oppose à nos volontés, nous vous prévenons que notre valeur éprouvée dans les combats nous conservera longtemps les biens dont nous nous sommes emparés. Si, au contraire, vous nous aidiez à en rester paisibles et honorés possesseurs, nous vous en récompenserions magnifiquement en vous élevant presque jusqu'à nous, en vous cédant quelques riches palais et en vous protégeant vaillamment contre vos adversaires des autres religions.

Bien des prêtres de ce temps-là, dignes de la grande mission qui leur était confiée, refusèrent ce pacte égoïste; mais quelques-uns, moins soutenus par l'amour de Dieu, ne résistèrent pas à la tentation.

C'est ainsi que, dès ce jour, la puissance des armes, la puissance de la richesse et la puissance de l'hypocrisie religieuse, furent liguées pour asservir aux caprices des seigneurs le reste de la malheureuse race humaine.

Cela se passait à cette époque de notre histoire que nous appelons le moyen-âge.

IV.

Le paganisme avait été un triomphe brutal de la force sur le droit, une absorption de l'intelligence par la matière, par l'abrutissement et le fétichisme ; le christianisme s'annonça au monde comme venant pour rétablir le triomphe du droit sur la force, de l'esprit sur la matière. L'antique dogme avait exalté les passions sensuelles et protégé l'odieuse tyrannie. Le dogme nouveau sanctifia la souffrance, la mortification, la continence ; il prêcha la liberté, la charité et la paix fraternelles. Mais si ses prédications arrêtèrent pour quelques jours le débordement des mœurs crapuleuses dont les puissants de la terre avaient donné le scandale, elles furent impuissantes à lui élever une digue insurmontable ; et soit que l'humanité fût déjà gangrénée d'une façon irréparable, soit que l'apostolat de la grande idée de régénération n'eût pas été continué par des hommes animés de la foi sublime des premiers pères de l'Église, toujours est-il que l'exploitation de l'homme·par l'homme fut continuée avec un sensible redoublement d'insolence mêlée aux grossières pratiques d'une dévotion calculée.

Les prêtres, se corrompant de siècle en siècle, avaient bientôt resserré leur alliance impie avec les seigneurs, comtes, barons, ducs ou marquis ; grassement rétribués par ceux-ci, qu'ils dupaient à leur tour en exploitant leur force, au lieu d'élever l'âme du peuple aux sublimes clartés de la vérité, ils

la refoulaient activement dans les noires ombres de l'imbé-
cilité et de la couardise. Au moyen de cet atroce épouvantail
fanatique dont ils n'avaient pas craint de souiller la révélation
faite par Jésus-Christ, ils surent enfin s'emparer en quelque
sorte de tous les rouages du gouvernement.

Ainsi les pauvres, trahis par le plus grand nombre de
ceux en qui ils avaient coutume de croire comme en Dieu
lui-même, tombèrent peu à peu dans une condition physique
bien plus lamentable encore que ne fut jamais celle de l'esclave ; ce dernier du moins, animal utile et productif que
l'on ne voulait pas perdre, avait l'avantage d'être nourri par
son maître et de ne pas savoir qu'il avait le droit de cesser
d'être esclave. Mais les nombreuses aglomérations de malheureux qu'on appela successivement *serfs*, *manants, menu
populaire*, et d'une foule d'autres noms dédaigneux, mar-
quant, selon les époques, le plus ou moins de crainte ou de
mépris qu'inspiraient souvent leurs plaintes ou leurs soulèvements isolés, ne pouvaient tirer leur triste subsistance que
du bon plaisir de la noblesse et du clergé... S'ils avaient
conquis le droit de n'être pas vendus ou échangés comme de
simples ballots de marchandise, ils n'en restaient pas moins
à l'état de race inférieure ; taillables et corvéables à merci,
ils devaient, pour obtenir le morceau de pain quotidien, se
résigner à tous les outrages et même à toutes les dégradantes
voies de fait dont n'étaient avares ni les nobles batailleurs
ni les petits hobereaux des provinces.

Notre cadre est trop restreint pour que nous puissions
tracer ici un aperçu même rapide des infâmes abus qui ont
marqué toute la période féodale ; nos lecteurs les moins fami-
liarisés avec l'histoire de France ont, du reste, une idée

suffisante des mœurs de cette triste époque pour qu'il soit inutile de leur démontrer combien les masses populaires devaient avoir à cœur de secouer le joug de leur trop longue oppression ; il était évident que le jour où elles verraient la force de leur côté, et la faiblesse ou seulement le plus petit nombre du côté de l'orgueilleuse noblesse, elles n'hésiteraient pas à se lever impétueusement aux cris de vengeance et de liberté.

Bien des fois déjà elles avaient fait des tentatives imposantes ; mais ces efforts désespérés, mal dirigés, peu secondés, n'avaient servi le plus souvent qu'à leur attirer de nouvelles rigueurs ; car alors comme aujourd'hui, les cruels dépositaires de la force sociale ne savaient pas comprendre que lorsque les pauvres se lèvent poussés par leur misère, on a beau leur courir sus, on a beau les vaincre, les disperser, tant que leur misère n'est pas détruite, ils reparaissent avec elle, plus nombreux et plus exaspérés que jamais.

V.

Or, pendant les diverses péripéties de la lutte entre le pauvre et le noble, lutte longtemps trop inégale du côté du pauvre, une troisième classe d'hommes grandissait en nombre à mesure que l'intelligence française se développait et que les nationalités européennes tendaient à se constituer.

Cette troisième classe était celle des bourgeois ; d'abord peu importante et uniquement occupée du faible commerce d'échange qui se faisait dans les premiers temps de la monarchie, on la vit graduellement envahir une notable partie du sol, depuis les Croisades surtout, alors que la noblesse, épuisée par les énormes sacrifices que nécessita la guerre sainte, fut obligée de vendre beaucoup de ses domaines et de faire remise aux manants, moyennant finances, d'une multitude de priviléges et redevances ; tout cela joint aux avantages qu'elle possédait déjà, soit par l'industrie qu'elle avait su créer à force de travail, d'économie et d'étude, soit par l'organisation des jurandes, et plus tard par l'affranchissement des communes, soit encore par l'austérité de ses mœurs et ses charitables complaisances vis-à-vis de ceux qui souffraient, tout cela, disons-nous, lui valut dans les villes, dans les bourgades et dans les campagnes, une influence bientôt irrésistible. Elle devint en effet la première force de l'État, lorsque les rois de France, tourmentés, affaiblis ou menacés par leurs grands vassaux, eurent le bon esprit de s'appuyer sur elle et de répéter comme Henri IV aux gentilshommes mutinés, à l'occasion de la révolte du duc d'Epernon : « Si vous avez vos châteaux forts, messeigneurs, moi « j'ai mon peuple... Eh ! ventre-saint-gris ! Je le crois « dispos à faire aussi vaillamment contre vous que contre « l'Espagnol... Avisez, je vous prie ! (*) »

Si tous les rois de France avaient ainsi compris le secret

(*) Il est vrai que Henri IV n'était pas trop de ceux qui ne songent qu'à pressurer le peuple pour tenir leurs coffres bien garnis, si l'on peut en croire cette autre lettre qu'il adressait à Sully :

« Je suis fort proche de mes ennemis, et je n'ai quasi pas un cheval sur « lequel je puisse combattre. Mes chemises sont toutes déchirées, mes pourpoints « troués au coude ; et depuis deux jours je dîne chez les uns et chez les autres, « parce que mes pourvoyeurs n'ont plus moyen de rien fournir pour ma table. »

Et cependant son cher peuple ne put pas mettre la fameuse poule au pot !...

de la science gouvernementale, c'est-à-dire, si, au lieu de tenir constamment le peuple en suspicion, ils s'étaient franchement confiés à lui, leur couronne n'aurait peut-être pas encore été brisée dans le sang et la boue ; mais un vent de mort soufflait dans leurs palais ; à peine si nous pouvons en compter deux ou trois d'entre eux qui aient voulu régner pour la France et par la France, et qui aient en même temps reconnu que la France n'est ni dans les châteaux ni dans les palais, mais à la charrue, aux magasins du commerce, aux ateliers des arts et de la féconde industrie. Les insensés !... ils n'ont rien voulu voir, rien voulu faire en dehors des vieilles pratiques d'un âge disparu. Alors que la nation ouvrait ses yeux étonnés à la lumière du dix-septième siècle ; alors que la science, la philosophie et les lettres, abandonnées depuis tant de siècles dans les ruines d'Athènes et de Rome, réapparaissaient au monde, et faisaient tressaillir toutes les chaudes âmes, noblesse et royauté, lourdement engourdies dans leur fastueuse paresse, ne trouvaient un peu d'activité que pour parader à la chasse, pour courir les ruelles des grandes dames aux mœurs légères, ou pour s'en aller guerroyer au nom de quelque intérêt dynastique presque toujours en opposition complète avec l'intérêt national.

Quel aveuglement! quelle ignorance chez ces familles hautaines ! Et néanmoins quels rapides progrès le mouvement intellectuel ne faisait-il pas autour d'elles !... Déjà, depuis Rabelais, qui avait amusé sa génération par l'immense caricature de l'insatiable gloutonnerie des rois et de leur entourage, grand nombre d'ingénieux satiriques avaient résolument attaqué les abus. A leur tête s'était bientôt montré Molière pour fouetter jusqu'au sang les niaises vanités des petits marquis, les basses flagorneries des poursuivants de cour ; une foule avide suivait dans les théâtres les représentations de ces nouveautés si hardies ; elle battait des mains à l'impitoyable fustigation de l'ignorance et de l'orgueil. Et cependant marquis et courtisans, objets de la risée publique, ne songeaient pas à mettre un terme à leur incessante arrogance pour le peuple, à leur basse adulation pour les grands du royaume ; on applaudissait à tout rompre dans les salles de spectacle, lorsque se déroulaient les burlesques aventures de M. de Pourceaugnac, ce bon gentilhomme limousin, et il ne venait pas à l'esprit des autres gentilshommes de France que c'était contre eux-mêmes qu'éclataient ces bruyants symptômes de ridicule et de mépris ! On avait joué *Tartufe* malgré l'opposition des grands et du clergé ; toute la France avait frémi du cynisme de cet homme qui, sous l'habit et le caractère sacré de l'ecclésiastique, s'introduisait dans une maison pour suborner la femme, épouser ensuite la riche et jeune héritière, et, en fin de compte, voler tous les biens de la famille par une captation d'héritage, après avoir toutefois, pour comble de scélératesse et de perfidie, mis la main sur un secret important qui, révélé, devait perdre ce père imprudent et laisser ainsi le dévot escroc jouir en paix de son infamie.... Quels détails, dans cette œuvre ! Et aussi quelles sombres pensées ne jeta-t-elle pas dans l'âme de ce peuple confiant qui, jusque-là, n'avait rien fait sans les conseils, sans la participation des gens d'église !...

Et cependant, la cour et la noblesse se mettaient de plus belle à la discrétion de ces gens-là !...

Mais ce n'était pas tout encore ; le règne de Louis XIV avait apparemment été choisi, par celui qui mène toutes choses, pour le point de départ de la complète et inévitable révolution sociale. Bossuet ressuscitait l'éloquence évangélique ; d'autres prélats tempéraient, par l'éclat de leurs écrits et de leurs prédications, le mal que les mauvais prêtres avaient fait à l'idée chrétienne et la sauvaient des dangers dont la philosophie naissante allait l'environner ; le bon La Fontaine, dans ses apologues impérissables, dressait un rempart au droit des faibles et commençait le règne du bon sens en en gravant les préceptes rigoureux dans l'esprit des jeunes gens comme dans celui des vieillards. Puis, pendant que Molière et les siens tuaient sous le ridicule les folles prétentions, les sottes impertinences, les concussions, l'hypocrisie et l'avarice, les mâles accents de Corneille initiaient les Français aux grandes vertus des citoyens des républiques antiques, et ils apprenaient aux Parisiens comment les Brutus avaient coutume de traiter les tyrans.

Et cependant la cour, la noblesse et une grande partie du clergé, continuaient à pressurer le pays, à se croire chefs des peuples par droit venant de Dieu, à donner l'exemple des dilapidations, de la basse courtisannerie, de la débauche et de la dissolution des mœurs !.... C'était en vain que d'aussi imposantes leçons leur étaient données ; ce fut en vain aussi qu'une brillante pléiade de penseurs, philosophes, artistes et poètes, continuèrent l'œuvre de rénovation ; ni Pascal, ni Fontenelle, ni Voltaire lui-même, qui avait fait douter toute l'Europe, ne purent ébranler la sécurité de cette caste orgueilleuse !... Oui, Voltaire, dont la verve implacable tourmenta jusqu'aux croyances les plus religieusement respectées, ne put, malgré toute la peine qu'il se donna, faire comprendre à ces puissants obstinés que le mouvement social les jetait sur une pente fatale et qu'ils allaient rouler aux abîmes. Inutiles remontrances ! inutiles conseils ! Leurs mœurs, leur ignorance, leurs prétentions restèrent les mêmes ; le gaspillage des deniers publics s'accrut encore dans des proportions inouïes ; le régime de Louis XIV avait coûté dix-huit milliards à la France; le peuple avait donné jusqu'à sa dernière obole ; sans tenir aucun compte de sa misère, on lui demanda toujours.... Eh ! pourquoi, juste ciel ! non pas seulement pour soutenir une guerre dispendieuse, mais pour récompenser des fauteurs d'intrigues galantes, pour doter quelques prostituées, pour subvenir à leurs caprices sans fin, à leurs libéralités en faveur des amants qu'elles achetaient aussi publiquement qu'elles s'étaient elles-mêmes vendues au roi et aux grands du royaume. Et quel moment choisissaient–ils, ces êtres bizarres à force de sottise, quel moment choisissaient-ils pour perdre ainsi toute pudeur et toute retenue? Ils choisissaient le moment où les intelligences françaises avaient compris le vaste ensemble de la science humaine, le moment où les philosophes de l'Encyclopédie tenaient attentifs à leurs travaux les deux tiers de la population; le moment où les œuvres de Voltaire pénétraient jusqu'au sein des plus humbles villages ; le moment où la jeunesse se piquait de savoir par cœur et Molière et Corneille, et Pascal et Plutarque ; le moment où la bourgeoisie, riche déjà des dépouilles territoriales des nobles ruinés par les excès du faste, du jeu ou du libertinage, avait réuni autour d'elle, par l'industrie et le commerce, cette immense population de pauvres autrefois abandonnés aux hasards de la charité publique et qui, maintenant, commençaient à gagner dans les ateliers une subsistance suffisante ; ils choisissaient le moment où cette même bourgeoisie, puissante également par son éducation, son savoir, avait constitué et dirigeait ces fameux parlements, précurseurs d'une organisation politique où les rois devaient perdre leur antique privilége ; ils choisissaient le moment où l'étude des républiques de la Grèce et de Rome était devenue une affaire de mode. Ils voulaient en un mot continuer le plus dégoûtant arbitraire, alors que Rousseau publiait son Contrat social, et que, de sa puissante voix d'homme libre, il proclamait les néccssités de la souveraineté du peuple ! !...

Aussi, que leur fut-il répondu le jour où, ayant réuni les états-généraux, ils osèrent tendre vers le Tiers-État la vaste besace royale, et demander avec nouvelles instances de nombreux et nouveaux subsides?

Il leur fut répondu par les soulèvements de 89, par la prise de la Bastille, par le serment du Jeu-de-Paume, par la nuit du 10 août... Les grands seigneurs prirent la fuite à travers l'Europe ; le peuple brûla, pilla ou dévasta leurs demeures... Le malheureux roi qui, de tous, était le moins coupable, fut guillotiné en place publique comme un ignoble malfaiteur.

VI.

Nous n'avons pas à retracer ce que fut pour l'humanité tout entière, et pour la France spécialement, la révolution de 89 ; sans nous éloigner davantage du sujet qui nous occupe, constatons seulement quelle fût la nouvelle situation du peuple après l'abolition générale des ordres privilégiés, le retour à l'État des immenses propriétés du clergé et des domaines de la couronne, la confiscation successive d'une partie considérable des possessions des familles qui, traîtres à leur mère-patrie, étaient allées lui susciter en Europe de barbares ennemis.

Les opulentes dépouilles de la puissance féodale et des races royales, vendues au nom de la nation, furent livrées aux bourgeois de nos villes et aux petits agriculteurs des campagnes en quatre cent cinquante-deux mille lots de terre.

Ce morcellement du sol, l'égalité politique absolue et les diverses institutions aussi libérales que protectrices proclamées au commencement de la république, auraient pu asseoir la nouvelle société française sur des bases solides, équitables, propres assurément à donner satisfaction aux besoins de tous ses membres, quelle que fût leur condition de fortune.

Mais les sages combinaisons des législateurs restèrent sans effet; l'orage politique les renversa ou les entrava toutes; il ne fut plus question d'améliorer la société; il ne s'agissait plus d'assurer du pain et un peu de bien-être à la classe malheureuse qui venait de traverser tant de siècles dans l'abjection et la misère; il s'agissait de défendre la patrie, de la sauver des fureurs des nobles vandales qui avaient armé contre elle toute l'ignorante et brutale soldatesque des rois de l'Europe.

Passons rapidement sur ces tristes années. Leur souvenir remue dans l'âme des colères inutiles.

Le riche et le pauvre se confondirent alors sur les champs de bataille et dans les cachots; ils tombèrent côte à côte sur la place de la Révolution, sur nos frontières, en Italie, en Egypte, sur le Rhin... partout.

L'Empire vint; la guerre n'avait pas discontinué. Poussée par le génie de Napoléon, elle embrasa le monde, et elle restera pour les générations futures ce que sont aujourd'hui pour nous les grands exploits des héros et des demi-dieux des époques fabuleuses.

Waterloo !... lugubre souvenir ! A ce nom, il nous semble entendre encore le glas funèbre de l'héroïque vertige dont l'éclat des victoires avait animé nos pères... C'est pourtant après cette sanglante catastrophe que l'ancienne Cour et son cortége chantent un *Te Deum !* Ils ont fait ruer l'Europe sur les Français, et lorsqu'ils les voient écrasés sous la mitraille ou se rallier mutilés après une déroute encore glorieuse, ils ne craignent pas de venir en triomphateurs leur demander obéissance et respect !

La France aurait pu, se levant furieuse par un dernier effort, étouffer dans ses bras convulsifs et les triomphateurs impudents et leurs armées coalisées ; mais elle ne voyait autour d'elle que des ruines sanglantes ; elle appelait ses vaillants bataillons, et ses bataillons n'étaient plus ; elle cherchait ses hardis capitaines, et l'infâme trahison les lui avait ravis... Éperdue, haletante, elle sentit alors s'éteindre à la fois son audace, sa force ; elle rendit son épée, et laissa passer le cortége triomphal.

Royauté, noblesse et clergé, salués par les acclamations des femmes et des badauds qui voyaient dans leur retour la fin de la guerre, eurent l'imperturbable naïveté de se croire adorés du peuple. Aussi, reprenant leurs vieilles habitudes, et se voyant, du reste, soutenus par les baïonnettes étrangères , eurent-ils pour premier souci de se jeter sur le trésor public, de reconstituer bien vite le plus de priviléges possibles, de confier l'enseignement public à leurs rusés compères et complices de la compagnie de Jésus , de faire recommencer par le clergé les prédications absurdes sur le droit divin , la distinction des classes, l'obéissance passive , de renouer en un mot, en égarant ou en abrutissant les esprits , cette abominable chaîne d'oppression , rompue en 89 , et dont les tronçons étaient restés cachés au plus profond des sacristies et sous les débris des châteaux.

La France fit justice de ces nombreuses folies le 27 , le 28 et le 29 juillet 1830... Elle ne guillotina personne cette fois , parce que , réellement , la tentative d'asservissement était tellement impossible, que ses auteurs ne devaient pas être pris au sérieux ; l'infortuné monarque et ses conseillers les plus têtus furent seuls chassés du territoire , non pas qu'ils fussent à redouter , mais afin que leur éloignement pût éviter, à quelque fanatique de l'idée royaliste , l'occasion de se porter à des extrémités toujours déplorables et nuisibles, lors même qu'elles ne sont ni dangereuses , ni sanglantes.

VII.

La République et l'Empire n'avaient pas eu leurs classes distinctes de pauvres et de riches , avons-nous déjà dit , parce que les armées et leurs accessoires absorbaient successivement toute la population valide ; il restait si peu d'hommes dans les villes et dans les campagnes , qu'ils suffisaient à peine aux besoins des rares ateliers industriels et des exploitations agricoles ; ils gagnaient donc largement leur subsistance ; les femmes, elles-mêmes, occupées en grand nombre à la confection des fournitures militaires, trouvaient, à cette époque exceptionnelle, un salaire presque convenable ; et puis l'activité prodigieuse qu'occasionnait le perpétuel mouvement des troupes, les préparatifs des grandes expéditions, les voyages, les merveilleuses nouvelles, les fêtes nationales, les bulletins de la grande armée, tout cela occupait si complétement les esprits, que les heures paraissaient trop courtes et que l'argent cessait d'être le principal mobile de cette société enthousiaste.

La Restauration ne dut pas être trop inquiétée par le paupérisme ; l'industrie prit chaque année un certain accroissement, il est vrai ; mais les bras n'étaient pas encore trop nombreux, et, d'un autre côté, la noblesse aussi bien que le clergé cherchaient à faire oublier l'invasion étrangère et les contributions forcées en faisant d'abondantes aumônes à ceux qui ne pouvaient plus travailler, et en donnant aux travaux de luxe une impulsion considérable... Ces deux considérations sont souvent invoquées à leur avantage... soit pour la première ; nous leur rendons même cette justice qu'à toutes les époques de leur domination la charité fut la vertu de bien des leurs, vertu noble et touchante assurément lorsqu'elle partait du cœur, mais qui perdait beaucoup de son mérite lorsqu'elle n'était qu'un moyen de popularité, qu'une pratique d'ostentation, qu'une ruse déguisée pour maintenir une foule de malheureux sous la dépendance absolue des hommes de sacristie... Quant au luxe, ils l'avaient trouvé en France commençant sa période ascendante ; nous ne croyons pas qu'il entrât dans leur politique de le favoriser , car s'ils avaient eu assez d'intelligence pour comprendre cette nécessité , ils en auraient compris d'autres non moins importantes... Disons donc que le luxe grandissait par la force d'extension qui lui est propre , et qu'au lieu d'obéir aux grandes dames de la Cour et des châteaux , il s'imposait à elles en leur démontrant chaque jour que si elles ne savaient inventer sans cesse quelque chose de nouveau pour leurs brillantes toilettes , elles allaient être vaincues en grâce et en bon goût par les vulgaires dames de la bourgeoisie... Or, les conseils du luxe sont toujours écoutés quand ils s'adressent à l'orgueilleuse richesse.

Il est une considération encore qu'il ne faut pas perdre de vue.

Jusqu'en 1830 inclusivement, le paupérisme n'avait pas agi directement et pour son propre compte dans le mouvement révolutionnaire ; attaché par le travail à la classe bourgeoise, il était trop habitué à dépendre d'elle , à lui obéir, à la respecter, à l'aimer même, pour ne pas la suivre aveuglément dans toutes ses entreprises ; c'était d'elle que lui venait le peu de salaire qu'il trouvait à gagner ; c'était elle qui l'avait protégé contre les poignantes atteintes des rigueurs féodales et des disettes sucessives qui avaient affligé la France ; c'était elle aussi qui lui avait parlé d'un avenir meilleur , qui lui avait donné quelques aperçus des tendances nouvelles que le progrès intellectuel imprimait à la société ; c'était elle enfin qui lui avait mis les armes à la main en 89, lui assurant que, pour trouver le bonheur auquel tout le monde peut prétendre ici–bas , il fallait commencer par la conquête de la liberté et de l'égalité politiques... La bourgeoisie avait donc sa confiance en 1830 , car elle n'avait pas eu de peine à faire comprendre que l'anarchie, la guerre, et, par suite, le rétablissement de la royauté avaient tout fait manquer après 89, et que si le bien qu'on avait entrevu ne s'était pas produit, il ne fallait s'en prendre ni aux principes, ni aux institutions qu'on avait voulu fonder, mais à l'inexpérience ou à la trahison des hommes qui s'étaient mis à la tête du pays.

Telle était, généralement parlant, la pensée populaire après les journées de juillet; or, comme l'anarchie avait précédemment perdu le fruit des efforts de nos pères, le premier soin de chacun de nous, après la victoire de Paris, fut-il de contribuer au maintien de l'ordre, de l'union, et à l'extinction des haines qu'un gouvernement anti-national avait soulevées pendant quinze ans.

Ce fut là un de ces beaux moments que la générosité du caractère français est seule capable de produire, et dont nous parlions en commençant ce petit livre; tout le pays était debout; du nord au midi on criait à bas le despote! Vive la liberté! et du nord au midi notre immense population, prête à se dévouer encore pour cette grande cause, qui lui avait coûté déjà tant de sang et de larmes, demandait hautement l'indulgence pour les vaincus, l'oubli du passé et l'union fraternelle!... Noble pays! que ne fera-t-il pas un jour, lorsque à force de constance et d'épreuves il aura rejeté loin de lui les audacieux intrigants qui, sous mille formes habilement déguisés, veulent exploiter sa grandeur!

Mais ce jour solennel n'était pas arrivé : La bourgeoisie, maîtresse du pouvoir, crut découvrir autour d'elle les signes précurseurs des orages de 93 ; elle s'arrêta, indécise, effrayée surtout de la responsabilité qui allait peser sur elle, et, pour ne pas exposer la France à des calamités peut-être imaginaires, elle la laissa tomber à la discrétion du plus dangereux des princes.

Funeste indécision ! coupables craintes ! car tous les citoyens ne les partageant pas, elles vont devenir une source de récriminations violentes, d'antagonisme nouveau ! Politique à jamais déplorable ! car au lieu d'harmoniser les tendances nationales, elle va scinder tout-à-coup le parti populaire et créer à côté du mécontentement des vaincus de juillet le mécontentement tumultueux d'une importante fraction des vainqueurs.

En effet, trois partis se dessinent bientôt, et, dès les premières heures de la bâtarde royauté de Louis-Philippe, la lutte commence.

Les chefs de la partie timorée de la bourgeoisie, chefs qui avaient fait le nouveau roi, tenaient à leur œuvre, les uns par conviction, par prudence ; les autres, les habiles, par convoitise ou par l'espoir qu'ils avaient d'accaparer pour eux et pour les leurs les riches et séduisantes avenues du pouvoir. Vigoureusement attaqués par ceux qui s'étaient réellement battus contre la royauté, et qui, par conséquent, voulaient la République, ils se défendirent avec vigueur, et, logiques avec leur système, ils montrèrent, dans l'agression dont ils étaient l'objet, la preuve apparente des dangers qu'aurait courus la France si les républicains avaient pris les rênes de son gouvernement. Le cauteleux Louis-Philippe, alors rusé et clairvoyant, comprit sans peine toute la portée de ce système. En poussant l'ardeur des républicains, en les attirant dans la rue les armes à la main, et en criant ensuite bien haut qu'ils voulaient le désordre, la Terreur;

qu'il y avait dans leurs rangs un ramassis de scélérats prêts à faire pis encore, il était évident que les femmes, les vieillards peu éclairés, et la plus grande partie des hommes composant la force réelle du pays, se laisseraient prendre à ce piége grossier; on était trop près encore de la première République pour ne pas craindre, à l'égal du plus grand des fléaux, un nouveau Robespierre avec son comité de salut public et ses sections jacobines... Les républicains furent donc repoussés; il arriva même que plus ils faisaient d'efforts pour résister, plus la frayeur qu'on invoquait à cause d'eux les rendait odieux, c'est-à-dire, que plus ils déployaient de mérite, de talent et de patriotisme, plus ils se rendaient impossibles.

Ce machiavélisme de Louis-Philippe et des fidèles roués qui l'environnaient réussissait au-delà de toutes leurs prévisions. Non-seulement il était plus que suffisant pour contenir, sinon étouffer l'esprit révolutionnaire, mais il leur servait encore à merveille pour couper court aux intrigues légitimistes. On se souvient de ce qui se passa un jour à Marseille : M. Berryer, à la suite du pèlerinage de Londres, avait été réélu dans les Bouches-du-Rhône; il voulut aller en grand appareil remercier ses électeurs et leur débiter pompeusement un de ces ronflants speech qui entretiennent les bons principes. Le banquet avait été somptueux; on avait chevaleresquement porté le toast de l'espérance à l'enfant du miracle; les têtes s'étaient noblement échauffées ; on voulait faire quelque chose enfin... et, le croirait-on , les gentilshommes méridionaux poussèrent la vaillance jusqu'à proposer une promenade en voiture dans les rues de Marseille... Leur réunion, annoncée depuis plusieurs jours, causait quelque inquiétude à la police dynastique. Le grand roi fut consulté au moment d'une réunion de famille. « Ne craignez rien, répondit-il... S'ils se permettent une manifestation si petite qu'elle soit, ce dont je doute, qu'on leur montre un bonnet rouge et que quelques vigoureux compagnons les suivent en chantant un *ça ira* comme on le chante si bien à Marseille... Vous nous direz ensuite de leurs nouvelles. »

La plaisanterie eut un grand succès. Au moment où les voitures de ces messieurs attiraient l'attention des oisifs de la Cannebière, il se fit un grand mouvement militaire dans la ville ; des patrouilles se montrèrent ; puis, déboucha par les rues des vieux quartiers, une bande d'ivrognes à l'aspect peu rassurant qui chantaient la *Marseillaise* avec l'accompagnement commandé d'un *ça ira* féroce et de toutes sortes de cris moins rassurants les uns que les autres.

Inutile de dire que nos gentilshommes méridionaux donnèrent alors un rare exemple de leur éducation gymnastique : ils prirent la fuite à toutes jambes et coururent faire leurs dispositions pour passer la nuit même en pays étranger, si la brave armée française ne venait pas à bout des féroces sans-culottes.

Inutile de dire aussi que les féroces sans-culottes n'hésitèrent aucunement à se laisser dompter par le commissaire de police qui leur avait fait donner à chacun une pièce de cent sous pour jouer cette farce et prouver une fois de plus qu'avec un peu d'audace les plus petites causes, entre des mains habiles, peuvent produire les plus grands effets.

Aussi l'infaillible vertu du bonnet rouge était-elle dans la famille d'Orléans le texte favori des sarcasmes des jeunes princes et des princesses..... Dans leur intimité, quand ils avaient une menace à se faire , c'était celle de bonnet rouge ; et lorsqu'il avait besoin de la bourse de quelqu'un des siens, on dit que le prince de Joinville entonnait la *Marseillaise*.

VIII.

L'exploitation du colossal fantôme de 93 ne fut pas , du reste, le seul élément de succès qu'un enchaînement favorable de circonstances eût mis au service du gouvernement de Louis-Philippe : L'industrie, le commerce, les grandes entreprises de travaux, se développant d'heure en heure, avaient décidément jeté sur le monde les prestigieux appas d'un lucre progressif, d'une richesse en quelque sorte facile à l'homme résolu qui saurait comprendre les mystères de ce nouveau mécanisme social. On sait avec quelle impétuosité les classes remuantes de la bourgeoisie et même de la rare noblesse intelligente, se précipitèrent dans la lice ; toute l'activité française se tourna peu à peu de ce côté ; les manufactures, les ateliers, les banques d'escompte, les magasins, les constructions pullulèrent à l'infini ; toutes les forces productives, en un mot, furent attirées par ce mouvement ; tout le numéraire du pays fut engagé dans cette prodigieuse complication d'échanges, d'entreprises, de projets, d'agiotage et d'incalculables combinaisons.

Lorsque les intérêts matériels d'une population sont ainsi subordonnés à des chances hasardeuses , l'ordre public et la paix deviennent évidemment la plus indispensable des nécessités sociales ; car un seul ébranlement, une seule perturbation ne manqueraient pas de produire dans cet immense engrenage des conséquences désastreuses. Cela était si bien compris, et par le gouvernement et par le public lui-même, que, malgré leur désaccord permanent sur mille autres points politiques, ils se trouvaient toujours unis et prêts à se défendre en commun aussitôt que quelque symptôme menaçant trahissait les efforts que faisait l'idée révolutionnaire pour reprendre son cours.... « Soutenez-moi, disait alors le gouvernement au pays, soutenez-moi, si vous voulez vous sauver vous-même ! Soutenez-moi, sinon l'argent que vous avez aventuré dans vos opérations industrielles va être perdu sans ressource. »

A cette menace capitale, le pays se ravisait soudain, et, si les actes du gouvernement étaient tellement honteux que l'honnêteté publique révoltée ne pût s'empêcher de faire éclater quelques murmures, les hommes de Louis-Philippe, largement payés pour soutenir son fantasmagorique systême, se hâtaient bien vite d'aggraver la peur que l'on avait déjà de perdre son argent, en transformant toute velléité d'opposition en encouragements anarchiques, en intrigues républicaines, en brandons de guerre européenne.... et à ces évocations, toujours les mêmes, toujours redites par les mêmes hommes sur un ton lamentable, la pauvre France, étourdie, mais voulant avant tout éviter le mal, se taisait promptement, laissait rendre les mauvaises lois et accomplir les actes honteux.... Puis, fier de son triomphe, Guizot, pour nous consoler des remords et de l'indignation qui nous agitaient, se hâtait de proclamer, du haut de la tribune nationale, que le premier devoir des chefs de famille était de s'enrichir le plus possible, et surtout de ne rien voir de plus recommandable au monde qu'un gouvernement dirigé par les grands philosophes qui avaient enfin découvert cette grande vérité.

Comme on le pense bien, la soif du lucre alors ne connut plus de bornes; la France entière en prit le vertige; on ne vit plus que l'argent; on ne rêva plus que d'argent; n'importe les moyens par lesquels on pût en avoir, il en fallut à foison; quiconque n'en avait pas devait renoncer à tout bonheur, à tout plaisir, à toute satisfaction morale ou physique; il passait à l'état de nullité, à l'état de lépreux, à l'état de niais; quiconque en avait devenait au contraire l'homme à la mode, l'homme fêté, l'homme puissant, l'homme parfait.... Aussi, pourra-t-on jamais nous dire les ruses, les friponneries, les crimes, les infâmies qui, pendant cette époque, unique dans nos annales humaines, se produisirent au milieu des travaux éclairés, des efforts de patience, de génie, de sagesse et de vertu qui furent nécessaires pour élever le progrès en toutes choses au niveau qu'il atteint aujourd'hui ?

Avec de telles mœurs Louis-Philippe avait raison de nier la possibilité de la guerre et des révolutions dans l'avenir; il avait raison également de croire à la sécurité de sa politique aussi bien qu'à celle de son trône. Comment, en effet, aurait-il pu craindre de sérieuses tentatives insurrectionnelles, puisque, à son avis, elles devaient avoir pour premier résultat de ruiner presque toute la France, alors que la ruine était devenue un objet d'horreur générale, et qu'il voyait un si grand nombre de personnes éminentes préférer souvent le déshonneur le plus complet à la seule privation d'un bénéfice certain ?

Mais de l'excès même des moyens qu'il avait pris pour assurer la durée de sa dynastie, allait naître bientôt une puissance inattendue qui le refoulerait au bord du précipice et qui, s'il essayait de la méconnaître ou de la vaincre, le pousserait irrévocablement à sa perte.... Cette puissance était celle de la misère.

IX.

Oui, les chefs de la démocratie, vaincus, mis hors de lutte même par les mensongères interprétations données à leurs efforts, se divisèrent alors ; les uns, patients dans leur foi, se bornèrent à la résistance ; tenant haut et ferme le drapeau de 89, ils attendirent la fin de l'orage soulevé contre lui, bien convaincus que le droit, la justice et la vérité étant de leur côté, les événements suffiraient à leur donner raison. Les autres, non moins convaincus, mais plus ardents, plus téméraires, trop imprudents peut-être, voulurent rendre à leurs ennemis intrigues pour intrigues, perfidies pour perfidies, et à la coalition des intérêts des riches, coalition si savamment organisée par la monarchie, ils opposèrent la coalition de la misère des pauvres.

Ah ! qu'on y réfléchisse bien, l'organisation de la misère commença dans le monde moral une révolution aussi radicale que celle accomplie dans le monde physique par la découverte de la vapeur. A partir de cette redoutable idée la politique se transforme tout-à-coup. L'élément nouveau bouleverse l'ancienne tactique ; il se pose dans le corps social comme une immense poudrière ouverte, toujours prête à sauter avec un fracas épouvantable et à couvrir le sol de ruines amoncelées.

Aussi, voyez quelle miraculeuse importance prennent aussitôt les hommes qui, par sympathie ou par calcul hypocrite, ont l'audace de s'emparer de ce levier. Certes, si le roi leur défend de vous parler république, ils ne s'en inquiètent guère ; ils vont vous parler organisation du travail ; vous êtes les maîtres de la politique, ils sont les maîtres de la production. Vous dites que la démocratie, que la république même sont impossibles en France ; ils vous répondent que vous voulez faire croire à ces balivernes uniquement pour conserver le monopole de l'exploitation des pauvres travailleurs ; vous prétendez que vous n'avez jamais exploité personne et que vous avez au contraire fait tout le bien que vous pouviez faire ; voici ce que vous répond un de leurs chefs principaux :

« S'il n'y avait que des douleurs exceptionnelles et solitaires à soulager, la charité y suffirait peut-être. Mais le mal a des causes aussi générales que profondes ; et c'est par milliers qu'on les compte, ceux qui, parmi nous, sont en peine de leur vêtement, de leur nourriture, de leur gîte.

» Comment cela est-il possible ? Pourquoi, au sein d'une civilisation tant vantée, cet abaissement tragique et cette longue agonie de la moitié des humains ?

» Le problème est obscur, il est terrible. Il a provoqué des révoltes qui ont ensanglanté la terre sans l'affranchir. Il a usé des générations de penseurs. Il a épuisé des dévouements d'une majesté toute divine. Voilà deux mille ans déjà que des nations entières s'agenouillent devant un gibet, adorant dans celui qui voulut y mourir, le Sauveur des hommes, et pourtant, que d'esclaves encore ! Que de lépreux dans le monde moral ! Que d'infortunés dans le monde visible et sensible ! Que d'iniquités triomphantes ! Que de tyrannies savourant à leur aise les scandales de leur impunité !... Le Rédempteur est venu ; mais la rédemption, quand viendra-t-elle ?.. »

Et lorsque vous vous récriez contre ces exagérations, plus propres à porter le ravage dans toutes les intelligences qu'à produire la plus petite amélioration, un des chefs des ouvriers s'écrie à son tour :

« Que nous opposent les ennemis du progrès ou ceux qui l'aiment d'un amour timide? Ils disent qu'à entretenir le peuple de ses misères, il y a peut-être imprudence et péril ; ils disent qu'il faut craindre de le confiner dans des préoccupations égoïstes, en remplaçant chez lui par un mobile matérialiste et grossier, ces grands mobiles qui se nomment la dignité humaine, l'honneur, la gloire, l'orgueil du bien, la patrie.

» Ainsi le pauvre céderait à une préoccupation égoïste, en faisant connaître ce qu'il souffre et combien il souffre, non pas seulement dans lui-même, mais dans ses enfants condamnés à un labeur précoce et homicide, dans sa femme inconsolable d'une maternité trop féconde, dans son vieux père mourant sur le grabat de la charité publique? Ainsi elle était empreinte de matérialisme, cette admirable et lugubre devise des ouvriers de Lyon, affamés et soulevés : *Vivre en travaillant ou mourir en combattant!* Non, non. La vie, le travail, toute la destinée humaine tient dans ces deux mots suprêmes. Donc, en demandant que le droit de vivre par le travail soit réglé, soit garanti, on fait mieux encore que disputer des millions de malheureux à l'oppression de la force ou du hasard : on embrasse dans sa généralité la plus haute, dans sa signification la plus profonde, la cause de l'être humain ; on salue le créateur dans son œuvre. Partout où la certitude de vivre en travaillant ne résulte pas de l'essence même des institutions sociales, l'iniquité règne. »

Si vous avez le malheur de continuer à vous plaindre de l'exagération de ces appréciations, et si vous faites observer que non seulement le droit de vivre est suffisamment garanti par les lois, par les mœurs, mais que la plus grande liberté possible est encore donnée à tous, on vous arrête brusquement pour nier et les droits et la liberté dont vous parlez :

« Où donc est la liberté ? vous demande-t-on ?... Elle existe assurément, et même avec la facilité de l'abus, pour ceux qui se trouvent pourvus des moyens d'en jouir et de la féconder, pour ceux qui sont en possession du sol, du numéraire, du crédit, des mille ressources que donne la culture de l'intelligence; mais en est-il de même pour cette classe qui n'a ni terres, ni capitaux, ni crédit, ni instruction, c'est-à-dire, rien de ce qui permet à l'individu de se suffire et de développer ses facultés ? Et lorsque la société se trouve ainsi partagée, qu'il y a d'un côté une force immense, et de l'autre une immense faiblesse, on déchaîne au milieu d'elle la concurrence, la concurrence qui met aux prises le riche avec le pauvre, le spéculateur habile avec le travailleur naïf, le client du banquier facile avec le serf de l'usurier, l'athlète armé de pied en cap avec le combattant désarmé, l'homme ingambe avec le paralytique ! Et ce choc désordonné, permanent, de la puissance et de l'impuissance, cette anarchie dans l'oppression, cette invisible tyrannie des choses que ne dépassèrent jamais en dureté les tyrannies sensibles, palpables, à face humaine..... voilà ce qu'on ose appeler la liberté !

» Il est donc libre de se former à la vie de l'intelligence, l'enfant du pauvre qui, détourné par la faim du chemin de l'école, court vendre son âme et son corps à la filature voisine, pour grossir de quelques oboles le salaire paternel !

» Il est donc libre de discuter les conditions de son travail, l'ouvrier qui meurt si le débat se prolonge !

» Il est donc libre de mettre son existence à l'abri des chances d'une loterie homicide, le travailleur qui, dans la confuse mêlée de tant d'efforts individuels, se voit réduit à dépendre, non pas de sa prévoyance et de sa sagesse, mais de chacun des désordres qu'enfante naturellement la concurrence ; d'une faillite lointaine, d'une commande qui cesse, d une machine qu'on découvre, d'un atelier qui se ferme, d'une panique industrielle, d'un chômage !

» Il est donc libre de ne plus dormir sur le pavé, le journalier sans travail qui n'a point d'asile !

» Elle est donc libre de se conserver chaste et pure, la fille du pauvre qui, l'ouvrage venant à manquer, n'a plus à choisir qu'entre la prostitution et la faim !

» De nos jours, dit-on, rien ne réussit mieux que le succès. C'est vrai, et cela suffit pour la condamnation de l'ordre social qu'un semblable aphorisme caractérise. Car toutes les notions de la justice et de l'humanité sont interverties, là où l'on a d'autant plus de facilités pour s'enrichir qu'on a moins besoin de devenir riche, et où l'on peut d'autant moins échapper à la misère qu'on est plus misérable. Le hasard de la naissance vous a-t-il jeté parmi nous dans un dénuement absolu ?... Travaillez, souffrez, mourez : on ne fait pas crédit au pauvre.... Êtes-vous né au sein de l'opulence?... prenez du bon temps, menez joyeuse vie, dormez : votre argent gagne de l'argent pour vous. Rien ne réussit mieux que le succès.

» Mais le pauvre a le *droit* d'améliorer sa position?... Eh! qu'importe, s'il n'en a pas le *pouvoir*. Qu'importe au malade qu'on ne guérit pas le *droit* d'être guéri !

» Le droit, considéré d'une manière abstraite, est le mirage qui, depuis 89, tient le peuple abusé. Le droit est la protection métaphysique et morte qui a remplacé, pour le peuple, la protection vivante qu'on lui devait. Le droit, pompeusement et stérilement proclamé dans les chartes, n'a servi qu'à masquer ce que l'inauguration d'un régime d'individualisme avait d'injuste, et ce que l'abandon du pauvre avait de barbare. C'est parce qu'on a défini la liberté par le mot *droit*, qu'on en est venu à appeler hommes libres des hommes esclaves de la faim, esclaves du froid, esclaves de l'ignorance, esclaves du hasard. Disons-le donc une fois pour toutes : la liberté consiste, non pas seulement dans le *droit* accordé, mais dans le *pouvoir* donné à l'homme d'exercer, de développer ses facultés, sous l'empire de la justice et sous la sauvegarde de la loi. »

Et, plus loin, ce publiciste ajoute :

« L'esclavage détruit, que fit le catholicisme?.... Pour forcer le peuple à se contenter de son sort, il remplaça le fatalisme antique par le dogme fameux de la *souffrance méritoire ;* il cria aux malheureux : Souffrez sans vous plaindre, car la souffrance est sainte ; souffrez avec joie, car Dieu garde à vos douleurs de célestes et ineffables dédommagements.

» Mais ce dogme n'a plus de puissance sur les esprits. On a compris que ce n'était qu'un sophisme propre à empê-cher la *légitime* insurrection des opprimés contre leurs op-presseurs ; et ce sophisme impie est tombé avec toutes les tyrannies auxquelles il avait si longtemps servi de base.

» Comment donc l'allez-vous résoudre, ce formidable pro-blême de la résignation, philosophes et logiciens du régime actuel ? Par quel frein moral retiendrez-vous dans leur mi-sère tous les hommes que votre philosophie condamne à des souffrances sans lendemain ? *Ne voyez-vous pas que les révolutions qui ont passé sur nos têtes ont donné à ce peuple la conscience de sa force ? Ne savez-vous pas que d'un bout à l'autre de la société, ce cri magique* D'ÉGALITÉ *a retenti, qu'il a pénétré dans toutes les âmes, et qu'il a éveillé des désirs jusqu'ici inconnus ?... Voilà un fait dont il vous est commandé de tenir compte* : HEUREUX OU FUNESTE, APPROUVÉ OU MAUDIT, IL EXISTE ; IL VOUS DOMINE, IL VOUS EN-TRAINE ! !... »

Ceci est sans réplique. Qu'on désapprouve ou qu'on ne désapprouve pas ce tableau de l'inégalité sociale, il existe, il est exposé, commenté, assombri dans tous les groupes de travailleurs, dans les grandes villes, dans les manufactures, dans les ateliers, sur la place publique, au cabaret. Partout où se montrent deux prolétaires réunis, il en arrive d'autres qui se répandent en imprécations contre les souffrances aux-quelles ils prétendent qu'on veut les condamner pour toujours. Et puis, les livres, les journaux, les agents provocateurs, sont là qui tournent et retournent le poignard dans cette plaie sai-gnante... Quelques socialistes sincères parlent de patience, il est vrai, mais aucun d'eux, aucun même des publicistes voués à la défense des riches, ne peut nier le mal; tous le constatent, le déplorent et déclarent qu'ils voudraient bien y porter remède, mais que cela leur est impossible. — Impossible ! s'écrient les autres... mais nous avons le remède, il est là, tout prêt; il peut tout guérir; si vous ne voulez ni l'appliquer ni le laisser appliquer, c'est parce que vous savez qu'il détruirait *réellement* la tyrannique puissance que vous faites peser sur nous, c'est parce que ce remède une fois appliqué vous ne pourriez plus vous *engraisser de nos sueurs !!*

C'est de l'absurdité, de la folie... allez-vous prétendre?... Soit! Mais qu'importe que ce soit folie ou non, puisque cela est ! Qn'importe qu'on n'ait pas le droit de le dire, puisqu'on le dit, puisque le pauvre croit à tout ce dont ses meneurs vous accusent, puisque sa haine et ses malédictions contre vous s'accroissent d'heure en heure !

Mais vous voulez la justice, le droit pour tous et le plus de bien-être possible pour tous... répétez-vous avec impatience, — soit encore! Mais qu'importent vos intentions; qu'importent vos vœux et votre loyauté, puisqu'on apprend aux pauvres à ne pas y croire, puisqu'ils n'y croient pas, puisqu'on abuse de l'impossibilité où vous êtes de réaliser ce que vous voudriez, pour leur faire croire au contraire que vous ne voulez pas changer leur sort !

Et c'est au moment où cette agitation arrivait à son paroxisme d'exaltation que l'on a brûlé, l'autre jour, le trône de Louis-Philippe ! C'est en un moment pareil que la société s'est trouvée tout-à-coup désarmée en présence d'une insurrection populaire triomphante !

En vérité, c'est par un miracle providentiel que la guerre

civile n'a pas immédiatement éclaté. Oh ! oui, disons-le franchement, de terribles représailles étaient à craindre ce jour-là. Des bruits bien sinistres couraient dans l'air. Le sol tremblait sous nos pas.... Mais le vaillant peuple français ne sait être que sublime aux émotions du combat : le succès l'élève soudain aux vertus du héros... Gloire à lui !

Lorsque, après quelques heures de lutte, il ne vit plus devant lui aucune résistance, sa colère et ses projets de vengeance s'évanouirent dans les chants de victoire. Ni la garde nationale, ni l'armée, n'avaient voulu combattre pour le roi ; elles avaient rougi de lui ; c'en était assez, on s'était compris : travailleurs, bourgeois et soldats, confondus dans un irrésistible élan de patriotique solidarité, proclamèrent à grands cris cette sainte République jusques-là si odieusement outragée, et jurèrent de la défendre désormais jusqu'à la dernière goutte de leur sang.

Et à mesure que la grande nouvelle s'étendait de ville en ville, il en était à peu près de même parmi nos généreuses populations.

X.

On eut alors un moment d'espoir. De lumineux rayons paraissaient à l'horizon. L'humanité attentive se tenait debout, prête à saluer de ses acclamations la loi de concorde qu'elle attend depuis tant d'années.

Chimère ! illusion nouvelle ! Le doute est revenu ; les

nuages politiques ont reparu tumultueux ; l'humanité, mena-
cée comme avant, est retombée dans ses ombres séculaires.

Pourquoi cette déception ? et pourquoi se reproduit-elle
invariablement toutes les fois que les peuples, s'étant levés
en armes, croient avoir conquis la vérité et ne demandent
qu'à se soumettre à elle ?

Pourquoi ?... nous l'avons dit en commençant : La source
de nos funestes malentendus est dans l'isolement où les
diverses classes d'hommes ne peuvent se déshabituer de
vivre. Le riche ne s'adresse qu'au riche. Le malheureux ne
peut jamais presser que la main du malheureux... Bien
plus ! L'opulent craindrait de s'amoindrir au contact de son
concitoyen moins opulent que lui ; les vieilles familles font à
peine cas des familles qui commencent ; le manufacturier ne
fraie pas avec le modeste marchand ; le commis se tient au-
dessus du contre-maître ; le bijoutier évite le forgeron ; le
fonctionnaire se ridiculise dans la bouffonne importance qu'il
se donne ; la femme dont le mari possède dix mille francs
de rente ne voit plus son amie de pension qui n'a que mille
écus pour vivre ; et tous, les petits comme les grands, les
savants comme les imbéciles, les jeunes comme les vieux,
craindraient de se compromettre irrévocablement s'ils pre-
naient l'habitude de fraterniser avec les prolétaires, c'est-à-
dire avec les artistes, avec les employés et fonctionnaires
sans place, avec les travailleurs, avec les pauvres en un
mot ; car qui dit prolétaire, dit pauvre, et pauvre doit s'entendre de tout être humain dont la subsistance dépend au
jour le jour du bon vouloir d'autrui.

Ainsi, après les journées de Février, après la réconciliation
solennelle qu'on s'était jurée dans les rues de Paris, et que

la France entière avait généralement ratifiée, que se passe-t-il ? Les ouvriers, pleins de confiance dans la sincérité des manifestations qui se font en leur faveur, refusent tout d'abord d'écouter ceux de leurs meneurs qui ne cessent de mettre la bourgeoisie en suspicion. Nous parlons ici des masses. Les exceptions sont toujours inévitables. Mais dans une action populaire elles ne signifient que peu de chose, et il serait absurde de rendre la grande famille des travailleurs responsable des sottises ou des crimes de quelques-uns… Eh bien ! après Février, les masses ouvrières étaient animées de sentiments admirables ; elles avaient foi dans la parole donnée ; elles comptaient sur le pays. Aussi, voyez-les prendre tout-à-coup une attitude réservée et bienveillante devant ceux que, la veille encore, ils couvraient de malédictions. La capitale n'a plus sa police accoutumée ; on redoute des attentats contre les personnes, contre les propriétés ; les ouvriers se font gardiens de Paris ; ils arrêtent et l'on peut difficilement les empêcher de fusiller les voleurs ; ils pourchassent les vagabonds, emprisonnent les ivrognes, protègent les vieillards, les femmes, les enfants… Et quelle sévérité contre ceux de leurs camarades qui essaient d'abuser de la confusion des pouvoirs et de l'absence de forces régulières, pour se porter à quelque acte répréhensible, ou seulement indélicat !… Que ne pouvait-on pas espérer avec des dispositions pareilles de la part de ceux dont on avait conçu tant de craintes ?

Mais huit jours ne s'étaient pas écoulés, que les diverses classes de la bourgeoisie, réunies un instant par la fusion qui nous avait sauvés de la guerre civile, étaient déjà retournées à leurs vieilles habitudes. Les riches s'étaient groupés avec les riches ; le plus grand nombre restaient complètement isolés dans leurs demeures ou fuyaient les bruits de la ville ! !

Quelle fut la conséquence de cette déplorable conduite? Évidemment, elle ne pouvait être que désastreuse. Les prolétaires restés seuls dans la rue, ne s'expliquèrent cet abandon que par la défiance ; les riches ne font rien, ils ne disent rien, ils cachent leur argent, s'écria-t-on de toutes parts avec une poignante douleur.... Et alors, les patriotes exaltés qui ne voulaient pas laisser rétrograder la révolution, crurent qu'il leur appartenait de s'emparer des masses et de se servir de leur force pour établir solidement la République, et alors aussi les rusés intrigants, rebuts de tous les systèmes passés, crurent que le moment était venu de se faire une position en exploitant habilement le désordre des idées populaires.... Donc, patriotes sincères et charlatans politiques, agissant de concert sans se connaître ou sans pouvoir s'exclure les uns les autres, ouvrirent des clubs, formèrent des associations. — « Vous le voyez, dirent-ils hautement aux ouvriers, vous le voyez ! la bourgeoisie vous dédaigne ; tant que vous lui avez fait peur, elle vous a flattés, caressés ; elle est venue au milieu de vous, elle vous a calmés en reconnaissant vos droits ; en vous promettant qu'ils ne seraient plus trahis, parce qu'elle était définitivement avec vous pour les défendre, pour les faire triompher une bonne fois pour toutes. Mais à présent que vous avez été assez imprudents pour vous en rapporter à toutes ses mensongères promesses, à présent qu'elle est sûre de votre modération, à présent que vous avez détruit vos barricades et laissé rentrer une armée dans Paris, vous le voyez, la bourgoisie vous abandonne, elle se sauve, elle se cache, elle vous trahit dans des conciliabules mystérieux, elle complote contre vous pour ressaisir les rênes du pouvoir et vous replonger peu à peu dans la misère où vous étiez sous Louis-Philippe. Ah ! gardez, gardez au moins vos armes. Rien n'est fini encore. La bourgeoisie est le vampire moderne qui ne connaît le mouvement et l'ardeur que pour sucer le plus pur de votre sang. »

Que vouliez-vous que fissent les pauvres diables de travailleurs après avoir écouté pendant trois mois des excitations pareilles?.... Les plus égarés firent les ignobles journées de juin.

XI.

Et maintenant, quelle est notre situation? L'ordre est assuré, sans doute. La garde nationale et l'armée sont là, pour donner, à chaque alerte, des preuves nouvelles de leur patriotique dévouement ; toute tentative de barbare insurrection serait réprimée sans coup férir, sans pitié même cette fois ; la France ne veut pas, ne peut pas vouloir se laisser dominer par la violence, de quelque part qu'elle vienne ; à défaut de sa force organisée, si cette force était insuffisante, ce qui est impossible, elle se lèverait à l'instant pour traquer les misérables audacieux qui chercheraient dans les massacres le succès de leurs entreprises ; c'est là un fait certain, incontestable, incontesté pour quiconque sait voir et comprendre; aucune nouvelle insurrection sérieuse n'est à craindre en ce moment, voilà ce que vous pensez...

Mais, en définitive, force ne fait pas droit, et le nôtre, c'est-à-dire celui de l'ordre, bien qu'il soit légitime, sacré, n'en est pas moins contesté. Non que l'on prétende que la société n'a pas le droit de se défendre contre l'anarchie ; mais les mécontents disent que, sous prétexte d'ordre, on n'arrivera pas à leur fraire croire qu'ils doivent renoncer à leurs convictions. De là, pour certaines minorités du pays, un autre droit auquel elles tiennent aussi fortement que nous tenons au nôtre ; or, puisque afin de réussir selon nos vœux, nous avons toujours commencé par soulever l'opinion publique contre le gouvernement établi, pour le renverser ensuite par un seul coup de main, ces minorités seraient en quelque sorte autorisées à nous rire au nez si nous voulions leur soutenir qu'il est à jamais défendu de se servir des moyens que nous avons trouvés excellents, glorieux mêmes. — Mais nous sommes la majorité, allez-vous dire, tandis que les défenseurs des gouvernements tombés étaient fort peu nombreux, et c'est à la loi proclamée par la majorité que tous doivent se soumettre, ou il n'y aurait plus de société possible. — C'est juste. Personne ne conteste ce principe élémentaire. Ce que l'on conteste, c'est la majorité. On a tort, nous le savons bien ; mais le tort que l'on peut avoir de faire une chose n'empêche pas toujours qu'on la fasse. Un scélérat qui voudrait vous assassiner au coin d'un bois, n'aurait guère le bon droit de son côté ; cependant, si vous ne saviez vous défendre, vous n'en seriez pas moins assassiné.

En politique, du reste, il est à remarquer que les hommes de bonne foi, qui, par conviction, s'attachent à un parti plutôt qu'à un autre, croient ordinairement avoir le plus grand nombre de leur côté. Ceci est probablement un effet du grand cas que chaque individu fait de lui-même. Si l'orgueil ou l'intérêt ne dominent pas l'intelligence, nul assurément ne voudrait rester dans un camp qu'il ne supposerait pas être celui des hommes de bon sens… et il y a tant de manières de comprendre le bons sens !

Tenons donc compte des minorités, et ne perdons jamais de vue que force ne faisant pas droit, notre devoir et la sécurité de l'avenir exigent non une répression constante par les baïonnettes ou le canon, mais des efforts bienveillants pour répandre la lumière républicaine, pour dissiper le doute qui s'attache à la possibilité de cette forme politique, pour rallier à elle les familles qui la craignent, pour faire comprendre à tous qu'elle respecte les mérites passés aussi bien que les mérites présents, et qu'elle est seule capable de donner satisfaction, soit aux nécessités privées, soit aux nécessités publiques qui caractérisent l'époque où nous sommes.

Les minorités que la République peut avoir à craindre un peu plus tôt ou un peu plus tard, se résument aujourd'hui dans le royalisme ou le socialisme. Nous ne parlons pas de ce qu'on a appelé la république rouge pendant les mois derniers, parce que la république rouge, si quelqu'un pouvait en désirer l'avénement, ne serait que ce qui est, avec accompagnement de rigueurs qui répugnent à la nation entière et que le progrès de nos mœurs repousse pour toujours. Inutile donc de nous occuper d'une impossibilité.

Quant au royalisme, il est, au point de vue de la bonne foi, jugé sous toutes ses formes : absolutiste ou tempéré, il n'a produit que des révolutions ; on l'invoque comme un sauveur, et il n'apparaît que pour consacrer l'abus et le privilége ; on l'élève au faîte du corps social, afin que son rayonnement répande de toutes parts la confiance, l'union, la prospérité, et il n'a de chaleur bienfaisante que pour les rapaces coteries qui se font là courte échelle autour de son trône. Grotesque parade des temps naïfs, entremêlée le plus souvent de scènes tragiques et hideuses, il peut encore attirer à ses représentations les vieux enfants de l'aristocratie, ainsi que quelques hommes qui, n'ayant pas su comprendre sa dangereuse impuissance, s'obstinent à voir en lui le plus sûr garant de la stabilité sociale, du calme et du pacifique développement du progrès humain ; mais, en réalité, les masses ne le discutent plus. Si, par le plus grand des malheurs qui puissent nous atteindre, il revenait frauduleusement parmi nous, ce ne serait que pour se faire chasser ignominieusement une fois de plus, et son passage causerait des désastres non moins horribles peut-être que tous ceux que la France a subis jusqu'à ce jour.

Reste donc le socialisme, en d'autres termes, le parti des pauvres, et l'idée qu'ils ont de constituer un état de choses où la pauvreté disparaisse.

XII.

Ici nous revenons aux premières pages de cet écrit. Oui, dans le parti des prolétaires bouillonne le volcan qui secoue les nations jusqu'à leurs bases les plus profondes. Nous avons jeté sur les siècles passés un rapide coup-d'œil, non pour apprendre à nos lecteurs la continuité de l'asservissement du paupérisme, car c'eût été chose par trop superflue, mais pour rappeler à leur esprit l'inépuisable fond de récriminations que cette longue chaîne de misères fatales peut fournir aux entrepreneurs de révoltes. Qu'on nous comprenne donc bien : en esquissant à grands traits les principaux caractères du tableau qu'offre l'humanité, nous n'avons eu pour but, ni de légitimer les haines, ni de les envenimer ; nous avons seulement essayé de les constater, et de faire comprendre que, à tort ou à raison, elles ne peuvent plus ne pas exister.

Nous entendons répéter à chaque instant que cette question devient d'autant plus dangereuse qu'on en parle davantage ; ce qui revient à dire qu'on ferait mieux de se taire. Nous ne le croyons pas ; nous soutenons au contraire que plus on veut l'éviter, plus elle se montre ; que plus on l'ajourne, plus elle devient pressante, et que le seul moyen de la ré-soudre serait d'en parler sans cesse, d'en sonder toutes les complications en face des intéressés eux-mêmes... Quoi ! riches ou prétendus riches de la terre, vous savez que chaque jour, à toute heure, mille voix excitent les prolétaires contre vous, et vous voudriez rester muets ? Vous savez qu'on a mis dans la tête des masses, jusqu'ici déshéritées de tout, l'idée d'une répartition nouvelle de la richesse sociale ; vous savez que cette répartition nous replongerait dans une espèce de barbarie dont les pauvres ne se doutent même pas, et vous ne feriez rien pour leur dévoiler les dangers de l'utopie dont on les berce ? — Nous avons des journaux, des livres pour les éclairer, dites-vous ! — Mais ils ne les lisent pas vos journaux et vos livres ; ils sont trop chers ; vous n'avez pas su leur en fournir à bas prix, ou gratuitement, lorsque les propagateurs de l'utopie qui vous attaque inondent la France de leurs théories. Ils ont des feuilles publiques et secrètes, eux ; ils ont des clubs, des associations, et vous n'avez rien de tout cela ! Ils parlent, ils écrivent, ils s'encouragent ; ils vous accusent de ladrerie égoïste, d'exploitation sordide... et vous n'êtes jamais là pour imposer silence à ce dévergondage de calomnies !.. Il y a danger, danger réel à ne répondre à cela que par le mépris. Les meneurs font de votre apathique silence un aveu des griefs dont on vous accable. Or, combien sont-ils ces meneurs ?.. Ils sont innombrables. Nous avons dit que le paupérisme est une poudrière ouverte placée au centre du pays et qu'une étincelle peut faire sauter au premier moment... Eh bien ! elle est entourée d'hommes, qui, poussés les uns par une foi sincère, les autres par un calcul infernal, s'en approchent une mèche à la main et vous crient incessamment : « faites ce que nous vous disons, ou malheur à vous ! » Oui, quiconque veut être quelque chose, s'élance de ce côté. C'est là que l'on voit la force aujourd'hui ; c'est donc là que tous les ambitieux de bas étage vont se confondre avec les hardis penseurs qui rêvent un monde nouveau.

Mais, dites-vous encore, les travailleurs commencent à revenir de leur égarement ; ils finiront par comprendre qu'on voulait se servir d'eux comme d'un marche-pied et ils reprendront avec empressement le chemin de l'atelier aussitôt qu'il y aura de l'ouvrage pour tous.

Ne vous y trompez pas : ce revirement n'a rien de la portée que vous vous hâtez de lui donner ; il existe, c'est vrai ; mais au lieu de changer de pensée sur votre compte, les travailleurs, sur certains points, changent seulement de meneurs : ceux qui s'étaient mis à leur tête le 24 février n'ont pas réussi ; ils avaient promis beaucoup, et ils n'ont rien pu donner ; leur insuccès leur ôte tout prestige ; ils ne sont plus écoutés. Mais d'autres les suivent à la file ; du second rang ils passent au premier ; et si ces nouveaux venus succombaient, malgré les drapeaux divers sous lesquels ils avancent, et malgré leur ferme résolution de mettre définitivement le feu aux poudres, extrémité devant laquelle les premiers ont reculé, croyez-le bien, la partie ne serait pas abandonnée ainsi ; l'idée d'un remaniement social ne serait pas étouffée... Or, encore une fois, ce remaniement précipiterait la France dans un abîme sans fin !

Riches, réveillez-vous donc ! Au nom de la famille, source de toutes vos joies ; au nom de la patrie, qui vous a faits ce que vous êtes ; au nom de l'avenir, qui vous jugera, riches, riches, faites-vous aimer des pauvres. Ne les dédaignez plus : les hommes sont égaux. Ne les asservissez plus : les hommes sont libres. Ne les exploitez jamais : tous les hommes sont frères... Vous le voyez : maintenant que le secret de leur force est connu, des hordes d'ambitieux les poursuivent sans relâche pour s'élever sur leur misère ; les tentations, les conseils, les provocations se croisent à leurs oreilles... Et cependant, malgré les efforts de tout genre qu'on a faits et qu'on fait à chaque instant pour vous rendre odieux à leur pensée, c'est toujours de votre côté qu'ils tournent leurs tristes regards. Ah ! si vous vouliez à votre tour faire un appel à ce qu'on leur a laissé de bon sens et de généreux sentiments ; si vous vouliez profiter de la confusion où les ont jetés les mille surexcitations auxquelles ils sont en butte depuis ces dernières années ; maintenant qu'ils commencent à comprendre l'impossibilité des systèmes dont on leur a rompu la tête, si vous vouliez, à votre tour, leur exposer vos loyales intentions ; si vous vouliez leur faire comprendre que ce n'est que par une alliance sincère entre eux et vous que la France peut redevenir calme et prospère, et que la République peut ramener l'abondance ; si vous vouliez enfin combattre vous-mêmes avec persévérance et douceur les illusions dans lesquelles les plus exaltés de ces malheureux peuvent s'égarer encore, riches, songez donc à tout le bien que vous feriez à la France ! ! !

Ne dites pas qu'ils refuseraient de vous entendre, ou que vos paroles resteraient sans crédit auprès d'eux ; cela malheureusement aurait pu être vrai lorsqu'ils étaient tout-à-fait sous la domination des hommes qui s'étaient déclarés leurs conseillers et leurs chefs... Mais aujourd'hui, leurs idées sont tellement tiraillées par les deux ou trois partis qui voudraient s'emparer d'eux, qu'ils ne demanderaient pas mieux que d'entendre une bonne fois au moins le langage de la saine raison.

Mais c'est trop vous demander, sans doute. Dans les premiers jours de février vous avez essayé de tout cela sans succès ; froissés de la défiance qu'on vous a témoignée alors, vous ne croyez pas devoir prendre la peine de faire une nouvelle tentative ; vous êtes convaincus, du reste, que la force des choses ramènera suffisamment vos travailleurs à la raison, qu'elle vous vengera du peu de cas qu'ils faisaient de votre expérience, et qu'ils sont fort heureux encore de vous trouver disposés à oublier leur ingratitude...

Ce raisonnement est aussi cruel que dangereux.

Il est cruel, parce que, sachant combien est grande l'ignorance de ces malheureux, vous ne devriez pas vous souvenir de leurs égarements et saisir la première occasion qui se présente de les guérir du doute qui les tourmente et de les ramener dans la bonne voie.

Il est dangereux, parce qu'il les humilie, et que cette humiliation inutile est exploitée de plus belle par ceux qui cherchent un bouleversement.

N'importe ! Vous allez assurément persister dans votre système. Bien que tous les partis aient des réunions, des clubs, des sociétés secrètes, une propagande habile, vous ne direz rien, vous vous montrerez à peine ; vous ne ferez faire ni propagande, ni livres, ni journaux à bon marché... Bref, vous attendez tout de votre bon droit et de la force du bon sens.

Et cependant, si la bourgeoisie et les prolétaires ne parvenaient pas à s'entendre ; s'ils ne revenaient pas au plus tôt aux sentiments de mutuelle confiance qui doit nous sauver des entreprises de l'aristocratie aussi bien que de celles des ennemis de la France... Où irions-nous?...

Ah ! réfléchissez–y, citoyens ! Et si vous ne pouvez vous résoudre à faire renaître cette confiance si impérieusement nécessaire, par les voies de la discussion ou de la propagande, ayez recours au moins à un moyen qui n'exigerait de vous ni dérangement dans vos habitudes, ni discours, ni livres, ni déplacements, ni luttes ; ayez recours à un fait, à un acte patent de bon vouloir ; vous le savez, les promesses pour l'avenir, les intentions, quelque généreuses qu'elles soient, ne signifient rien, rien absolument ; la calomnie les détruit au fur et à mesure qu'elles se produisent. Mais un fait parlera haut et sans réplique ; on aura beau le circonvenir par les mille commentaires de la malveillance et de l'intrigue, il sera là, malgré tout ; il se défendra contre tout ; il prouvera , quand même , que vous voulez ce qui est possible ; il prouvera que le sort des pauvres vous touche plus que personne, et que, quoiqu'on dise, vous êtes seuls capables de l'améliorer peu à peu.

Or, ce fait ne peut être que relatif au salaire ; il ne doit pas être une augmentation, puisque toucher à l'équilibre établi en ce moment, ce cerait entraver le mouvement général de l'industrie, ce serait tuer plusieurs de ses branches importantes , et ce ne serait remédier en fin de compte que d'une manière partielle aux besoins des travailleurs. Mais si une augmentation de salaire est de toute impossibilité, rien n'est plus facile qu'une diminution dans le prix des objets de première nécessité... Éteindre des besoins , c'est créer des richesses.

Eh bien ! quoique l'on prétende que les théories socialistes sont votre cauchemar, vengez-vous des déclamations de vos accusateurs, en empruntant sans façon au socialisme la seule chose raisonnable qu'il possède. Prenez-lui son idée de la vie à bon marché. Prouvez, par un fait, que vous allez tenter un essai du logement et de la vie en commun.

Ne vous récriez pas, mon Dieu ! il n'y a rien d'absurde dans cette idée. L'absurdité aujourd'hui n'est que dans l'inaction systématique.

Qui donc aurait l'audace de soutenir qu'il n'y aurait pas amélioration pour les ouvriers si vous les réunissiez par groupes dans des établissements où ils trouveraient une nourriture abondante et un logement commode , pour la moitié de ce que leur coûtent les aliments frelatés et l'air insalubre qu'on leur vend dans vos villes ? Supposons un groupe de mille.

Vous faites construire dans un de vos faubourgs un vaste bâtiment carré composé d'un rez-de-chaussée et de deux étages ; les deux étages sont disposés en dortoirs ; les lits y sont par deux dans des cellules à moitié closes à l'intérieur ayant chacune une fenêtre ; un grand rideau remplace leur porte et cache la petite armoire qu'on met au pied de chaque lit.

Dans les vastes pièces du rez-de-chaussée sont les cuisines, les réfectoires, la salle de lecture, une bibliothèque.

La cour reste disponible pour les amusements, les jeux, les promenades, les exercices de toute sorte.

Vous achetez, bien entendu, tous les ustensiles de ménage, meubles et linge. Les occupans ne possèdent que les effets d'habillement, et pour toutes ces avances vous ne demandez que l'intérêt ordinaire de votre argent.

Vous mettez l'établissement entier sous les ordres d'un gouverneur habile chargé de tout surveiller et de tout diriger.

L'État et la ville affranchissent cet établissement de tout impôt.

Les ouvriers mangent quelque chose le matin, avant d'aller au travail ; ceux dont l'atelier est trop éloigné, emportent avec eux le repas du milieu du jour. Le grand repas de famille a lieu seulement après la journée. — Ce n'est pas l'usage ! — Tant pis pour l'usage alors, on le changera.

La nourriture est vendue aux ouvriers *à la portion* ; celui qui veut dépenser toute sa paie en a le droit ; mais celui qui veut se contenter de l'ordinaire, peut vivre convenablement avec soixante ou soixante-dix centimes par jour.

Les frais de logement, de blanchissage et de chauffage ne s'élèvent pas à plus de *cinq* centimes, soit 18 fr. par an.

En définitive , avec 75 centimes au plus par jour , l'ouvrier trouve, par cette combinaison :

Un logement agréable et sain ;

Une nourriture cent fois meilleure que celle qu'il a aujourd'hui ;

Les agréments de la compagnie ; la fraîcheur l'été , le chauffage l'hiver ;

La faculté de jouer , de s'amuser , en dépensant toujours la moitié moins , et sans être obligé de courir les cabarets ;

Enfin , il peut lire gratuitement les journaux , les livres ; il peut s'instruire en assistant , s'il le veut , à des cours divers qui ont lieu dans l'établissement ; il peut apprendre le dessin , le chant , même les armes et les exercices militaires.

Voilà , voilà de véritables éléments de moralisation ! Voilà qui couperait court aux déclamations des socialistes !

Mais nous n'avons envisagé qu'un côté de la question. Il ne faudrait pas seulement faire cet essai pour les ouvriers ; il faudrait le faire aussi pour les ouvrières ; ce serait beaucoup plus facile encore , car elles sont moins turbulentes , plus résignées , plus soigneuses ; si elles gagnent moins , elles dépensent moins. Si l'on allait ainsi à leur secours , leur modeste salaire serait suffisant ; elles ne seraient plus réduites , les infortunées , à recourir , pour ne pas mourir de misère , aux tristes calculs du concubinage ou de la prostitution.

Faut-il insister sur les avantages qui résulteraient de cette tentative? Non ; on le comprend au premier abord.

Nous savons même que dans l'arrondissement de Valenciennes , ainsi qu'à la belle filature de M. Edmond Cox, il existe déjà un commencement de l'essai que nous proposons.

Il y a aussi dans le département d'autres tentatives dans ce genre qui font le plus grand honneur aux prévoyants industriels qui s'en sont occupés. Si l'on n'a pas vu encore ces efforts isolés donner tous les résultats que nous paraissons en attendre, ce n'est point parce que le principe en est repoussé par les travailleurs ; mais parce que cette innovation n'a pas encore reçu les développements nécessaires. Il ne s'agit pas seulement de leur offrir une cuisine au rabais, il faut, en même temps que vous simplifiez leurs besoins, leur offrir l'occasion de jouir gratuitement en quelque sorte des avantages dela richesse, c'est-à-dire, de l'instruction, des divertissements et d'un véritable bien-être assuré.... Et si avec tout cela vous leur offrez encore l'occasion de se faire remarquer par la bonne conduite ou par le savoir ; si vous les animez d'une intelligente émulation, il y aurait vraiment extravagance à supposer qu'ils ne s'empresseront pas de rechercher les communautés industrielles dont nous vous parlons.

Nous avons donc la conviction que si deux ou trois hommes honorablement connus voulaient se mettre à la tête de cette entreprise humanitaire, les classes riches de l'intelligente ville de Lille et de ses environs n'hésiteraient pas à s'y intéresser. Que faudrait-il, après tout?... Quelques centaines de mille francs dont l'intérêt légal serait assuré.

Fasse le ciel que ces deux ou trois hommes se trouvent quelque part ! Ils jeteraient les bases de l'enseignement populaire ; ils rallieraient les pauvres à la bourgeoisie ; ils prépareraient, pour l'industrie, des travailleurs adroits et instruits ; ils fourniraient aux malheureuses jeunes filles qui n'ont que leur ingrat travail pour appui, l'occasion de rester cependant libres et honnêtes... Ils exciteraient l'émulation des amis de l'humanité ; des établissements de ce genre seraient bientôt fondés dans tous les centres manufacturiers ; à ceux des ouvriers et ouvrières, on ajouterait peut-être plus tard ceux des jeunes ménages de travailleurs... Et c'est alors seulement que toutes vos institutions pourraient produire des résultats féconds... C'est alors seulement que la solidarité sociale serait créée ; c'est alors seulement que la force ne serait plus néccssaire pour assurer le droit de tous ; c'est alors seulement que la famille et la propriété seraient exemptes de toute atteinte ; c'est alors enfin que la fraternité ne serait plus un vain mot...

Oh! oui.... fasse le ciel que ces deux ou trois hommes se trouvent quelque part !

Il serait glorieux aussi pour les citoyens du département du Nord d'avoir les premiers mis la main à la véritable réorganisation française.

FIN.

NATIONALE
IMPRIMÉS
BIBLIOTHÈQUE
R.F.